Süße

ÜBERRASCHUNGEN

LOVE FOOD™

INHALT

VORWORT

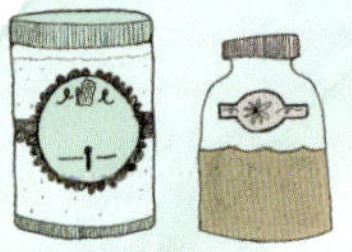

Neue Koch- und Backideen verbreiten sich am schnellsten über das Internet. Zurzeit sorgt ein brandneuer Backtrend für Aufsehen, den wir in diesem Buch vorstellen. Mit raffinierten Techniken haben wir Kuchen und Cupcakes gebacken, die von außen aussehen wie vertrautes Gebäck. Doch wenn man so eine Torte anschneidet oder einen Cupcake anbeißt, kommt das überraschende Innenleben zum Vorschein. Wir präsentieren Rezepte für alle Anlässe und Jahreszeiten, von der stattlichen Regenbogen-Torte bis zum Kinderparty-Kuchen mit einer Füllung aus Süßigkeiten, vom würzigen Halloween-Kuchen mit einer eingebackenen Fledermaus bis zu Cupcakes mit einer Füllung aus Knisterzucker. Manche Rezepte sind schnell und einfach, für andere brauchen Sie etwas mehr Zeit und Übung. Aber alle sind ausführlich Schritt für Schritt erklärt. Das Backen macht viel Spaß, und die Ergebnisse werden garantiert für Gesprächsstoff sorgen. Ob Sie Ihr Geheimnis verraten, liegt ganz bei Ihnen.

TECHNIKEN

EINGEBACKENE FORMEN

Diese Rezepte brauchen etwas Zeit, aber der Wow-Faktor ist unübertrefflich. Die Arbeitsweise ist einfach und erfordert nur etwas Fingerspitzengefühl. Wenn Sie den Trick einmal heraushaben, können Sie mit den verschiedensten Formen und Farben experimentieren. In einen frisch angerührten Teig wird einfach eine Reihe oder (je nach Backform) ein Ring aus vorgebackenen Kuchenstücken eingelegt. Wichtig ist, dass diese eingelegten Stücke relativ einfach geformt sind und möglichst lückenlos auf den rohen Teig gelegt werden. Die witzige Tupfentorte auf Seite 46 und die Cupcakes mit Herzen auf Seite 68 sind besonders einfach – probieren Sie am besten zuerst eines dieser Rezepte aus.

TORTEN MIT SCHICHTEN UND MUSTERN

Zu besonderen Anlässen machen Torten mit eingefärbtem Teig Eindruck. Ob kunterbunte Regenbogenfarben oder zarte Pastelltöne: Die Zubereitung ist recht einfach. Sie werden relativ viel Lebensmittelfarbe benötigen und feststellen, dass die Teigoberfläche nach dem Backen etwas feuchter ist als gewöhnlich, aber das beeinträchtigt nicht den Geschmack des fertigen Gebäcks. Für gemusterte Kuchen wie das Schoko-Geheimnis auf Seite 16 werden Teige mit verschiedenen Farben und Geschmacksrichtungen in die Form gespritzt und dann gebacken. Das Muster fällt jedes Mal ein klein wenig anders aus, aber auch das trägt zum Überraschungseffekt bei.

KUCHEN MIT FÜLLUNG

Kinder werden begeistert sein, wenn sie Süßigkeiten oder Knisterzucker in Torten oder Cupcakes entdecken. Die Arbeitsweise ist einfach, eignet sich aber auch für raffinierte Kreationen wie die Beeren-Kaskade auf Seite 58. Diese Kuchen können Sie ein oder zwei Tage im Voraus backen. Gefüllt und dekoriert werden sie aber erst kurz vor dem Servieren.

SCHACHBRETTMUSTER

Damit dieser Kuchen professionell aussieht, müssen Sie beim Schneiden und Zusammensetzen sehr akkurat arbeiten. Wenn Sie die Grundtechnik beherrschen, können Sie andere Farb- oder Geschmackskombinationen ausprobieren.

GRUNDREZEPTE

Die meisten Teige in diesem Buch werden aus einem klassischen Rührteig mit Mehl, Backpulver, Butter, Zucker und Eiern gebacken. Für einige Rezepte können Sie zu Beginn alle Zutaten in eine Schüssel geben und einfach kräftig verrühren. Es empfiehlt sich, dann etwas mehr Backpulver zuzugeben. Für mehrschichtige Torten sollen die Böden möglichst wenig gewölbt sein, darum wird hier am Backpulver eher gespart.
Zum Einbacken von Formen muss der Teig etwas fester sein. Hier empfiehlt sich ein Teig nach Art eines Madeirakuchens. Diese Kuchen werden bei niedriger Temperatur gebacken, dafür aber länger als üblich. Für die Garprobe wird ein Stäbchen bis zum Formboden in den Teig gestochen – aber nicht in dem Bereich, in dem vorgebackene Kuchenstücke eingelegt sind.

REGENBOGEN-TORTE

Diese tolle Torte mit Böden in allen Regenbogenfarben und süßer Vanille-Buttercreme sorgt auf jeder Feier für Aufsehen.

Ergibt 12–14 Stücke >> ***Vorbereitung:*** 50 Minuten plus Abkühl- & Kühlzeit >> ***Backzeit:*** 40–44 Minuten

Teig in Rot, Orange & Gelb

250 g Mehl

2½ TL Backpulver

250 g weiche Butter, plus etwas mehr zum Einfetten

250 g feiner Zucker

5 Eier (Größe L)

Lebensmittelfarben-Paste in Rot, Orange und Gelb

Teig in Grün, Blau & Violett

250 g Mehl

2½ TL Backpulver

250 g weiche Butter, plus etwas mehr zum Einfetten

250 g feiner Zucker

5 Eier (Größe L)

Lebensmittelfarben-Paste in Grün, Blau und Violett

Zum Dekorieren

1,05 kg Buttercreme (siehe Seite 8)

2 TL bunte Zuckerstreusel

Außerdem

3 runde Springformen (20 cm Ø)

1. Den Backofen auf 180 °C vorheizen. 3 runde Springformen (20 cm Ø) einfetten und die Böden mit Backpapier auslegen.

2. Für die Böden in Gelb, Orange und Rot Mehl und Backpulver in eine große Schüssel sieben. Butter, Zucker und Eier zufügen und alles mit einem Handrührgerät 1–2 Minuten cremig rühren. Die Menge mithilfe einer Waage exakt dritteln und in drei separate Schüsseln füllen.

3. Zu jeder Portion so viel Lebensmittelfarbe geben, dass der Teig kräftig gefärbt ist (siehe Abb. 3).

4. Die Teigmischungen in die vorbereiteten Formen füllen und glatt streichen. Im vorgeheizten Ofen 20–22 Minuten backen, bis der Teig aufgegangen ist und auf Fingerdruck leicht nachgibt. In den Formen 10 Minuten abkühlen lassen, dann auf Kuchengitter stürzen und vollständig abkühlen lassen. Den Ofen nicht abschalten.

5. Die Formen auswaschen und abtrocknen. Dann erneut einfetten und die Böden mit Backpapier auslegen. Die Teigportionen in Blau, Grün und Violett auf die gleiche Weise anrühren und backen.

6. Zum Dekorieren jeden Boden (mit Ausnahme des roten) mit 5 Esslöffeln Buttercreme bestreichen. Den violetten Boden auf eine Platte legen, dann den blauen, grünen, gelben und orangen Boden daraufstapeln. Als Letztes den roten Boden auflegen (siehe Abb. 6).

FORTSETZUNG

3

6

7

8

REGENBOGEN-TORTE FORTSETZUNG

7. Oberfläche und Rand der Torte dünn mit Buttercreme bestreichen. Dann die Torte 30 Minuten in den Kühlschrank stellen (siehe Abb. 7).

8. Die restliche Buttercreme mit dem Palettenmesser glatt auf Oberfläche und Rand der Torte verstreichen (siehe Abb. 8). Mit der Spitze des Palettenmessers einige Vertiefungen in die Creme auf der Oberfläche drücken, dann die Zuckerstreusel darüberstreuen.

Tipp

Dosieren Sie die Lebensmittelfarbe nicht zu sparsam.
Die Teigböden sollen kräftig eingefärbt werden.

SCHOKO-ÜBERRASCHUNG

Diese Torte sieht schlicht aus, doch beim Anschneiden entdeckt man das attraktive Schoko-Muster im Inneren.

Ergibt 8 Stücke >> ***Vorbereitung:*** 60 Minuten plus Abkühlzeit >> ***Backzeit:*** 30–35 Minuten

2 EL Kakaopulver
2 EL heißes Wasser
250 g Mehl
2½ TL Backpulver
250 g weiche Butter, plus etwas mehr zum Einfetten
250 g feiner Zucker
5 Eier (Größe L)
5 Tropfen Vanillearoma
2 EL Milch

Zum Dekorieren

525 g rosa gefärbte Buttercreme (siehe Seite 8)
2 TL Bitterschokoladenflocken

Außerdem

2 runde Springformen (18 cm Ø)
1 großer Einweg-Spritzbeutel mit großer Lochtülle
2 kleine Einweg-Spritzbeutel

1. Den Backofen auf 180 °C vorheizen. 2 runde Springformen (18 cm Ø) einfetten und die Böden mit Backpapier auslegen.

2. Das Kakaopulver mit dem Wasser in einer kleinen Schüssel glatt rühren und beiseitestellen. Mehl und Backpulver in eine große Schüssel sieben und Butter, Zucker, Eier und Vanillearoma zugeben. Mit einem elektrischen Handrührgerät 1–2 Minuten cremig rühren.

3. 115 g Vanilleteig in eine separate Schüssel abfüllen und mit 1 Teelöffel der Kakaopaste hellbraun einfärben. 225 g Vanilleteig in eine zweite Schüssel geben und mit der restlichen Kakaopaste dunkelbraun färben. Die Milch unter den restlichen Vanilleteig rühren (siehe Abb. 3).

4. In jede Form etwas hellen Teig geben und mit einem Palettenmesser auf dem Boden verteilen (siehe Abb. 4). Den restlichen hellen Teig in den großen Einweg-Spritzbeutel mit großer Lochtülle füllen. Die beiden gefärbten Teige in die kleinen Einweg-Spritzbeutel füllen und die Spitzen abschneiden.

5. Mit dem dunkelbraunen Teig zwei konzentrische Kreise von je ca. 2,5 cm Breite auf den weißen Teig in jeder Form spritzen. Auf die dunklen Kreise schmalere Linien mit dem hellbraunen Teig spritzen (siehe Abb. 5).

FORTSETZUNG

3

4

5

6

7

9

SCHOKO-ÜBERRASCHUNG FORTSETZUNG

6. Den restlichen dunkelbraunen Teig auf den hellbraunen spritzen und diesen möglichst vollständig bedecken (siehe Abb. 6).

7. Den restlichen hellen Teig zwischen die Schokoladenkreise und darüber spritzen. Die Teigoberfläche vorsichtig mit einem Palettenmesser glatt streichen (siehe Abb. 7).

8. Im vorgeheizten Ofen 30–35 Minuten backen, bis der Teig goldbraun und aufgegangen ist und auf Fingerdruck leicht nachgibt. In den Formen 10 Minuten abkühlen lassen, dann auf Kuchengitter stürzen und vollständig abkühlen lassen.

9. Einen Boden mit etwas Buttercreme bestreichen, den zweiten Boden daraufsetzen. Die restliche Creme mit dem Palettenmesser gleichmäßig auf Oberfläche und Rand verteilen, dabei ein dekoratives Muster einziehen (siehe Abb. 9). Zum Schluss mit den Schokoladenflocken bestreuen.

Tipp

Es macht nichts, wenn die gespritzten Teigkreise etwas unregelmäßig ausfallen. Das Muster muss nicht ganz exakt sein und wird von Mal zu Mal immer ein wenig anders aussehen.

MARIENKÄFER-CUPCAKES

Erst wenn man die niedlichen Cupcakes anbeißt, entdeckt man das leuchtend rote Innere mit den leckeren Schokoladenflecken.

Ergibt 12 Stücke >> ***Vorbereitung:*** 40 Minuten plus Abkühlzeit >> ***Backzeit:*** 20–25 Minuten

115 g weiche Butter
115 g feiner Zucker
2 Eier, verquirlt
115 g Mehl
1½ TL Backpulver
rote Lebensmittelfarben-Paste
55 g dunkle Schokotröpfchen

Zum Dekorieren

525 g grün gefärbte Buttercreme (siehe Seite 8)
115 g roter Rollfondant
55 g schwarzer Rollfondant
Wasser, aufgekocht und leicht abgekühlt
schwarze und weiße Zuckerschrift aus der Tube

Außerdem

1 Muffinbackblech mit 12 Vertiefungen
1 großer Spritzbeutel mit mittlerer Sterntülle

1. Den Backofen auf 180 °C vorheizen. 12 Papierbackförmchen in die Vertiefungen des Muffinbackblechs setzen.

2. Butter, Zucker, Eier, Mehl und Backpulver in einer großen Schüssel mit einem elektrischen Handrührgerät 1–2 Minuten cremig rühren. So viel rote Lebensmittelfarbe unterrühren, dass der Teig leuchtend rot wird.

3. In jede Papierbackform einen Löffel voll Teig geben. Die Hälfte der Schokotröpfchen darauf verteilen, dann den restlichen Teig einfüllen. Mit den restlichen Schokotröpfchen bestreuen (siehe Abb. 3).

4. Im vorgeheizten Ofen 20–25 Minuten backen, bis der Teig aufgegangen ist und auf Fingerdruck leicht nachgibt. Die Cupcakes auf ein Kuchengitter setzen und ganz abkühlen lassen.

5. Zum Dekorieren die Buttercreme in einen großen Spritzbeutel mit Sterntülle füllen und die Oberflächen der Cupcakes vollständig mit kleinen Cremetupfen bedecken (siehe Abb. 5).

6. Für die Marienkäfer die rote Fondantmasse in 12 gleich große Stücke teilen und daraus die ovalen Körper der Marienkäfer formen. Aus etwas mehr als der Hälfte der schwarzen Fondantmasse 12 flache Ovale als Köpfe formen und mit etwas Wasser an den Körpern befestigen (siehe Abb. 6). Für die Punkte winzige Kugeln aus der restlichen schwarzen Fondantmasse rollen und auf den Körpern befestigen. Die Mittelrille zwischen den Flügeln mit einem Messer einritzen. Die Augen mit schwarzer und weißer Zuckerschrift auf die Gesichter tupfen.

3

5

6

Tipp

Die Marienkäfer können Sie vorbereiten. 3–4 Stunden an der Luft trocknen lassen, dann halten sie sich in einer luftdicht schließenden Dose etwa 1 Woche.

SCHACHBRETT-TORTE

Saftige Teigböden mit Mokka- und Orangengeschmack werden für diesen beeindruckenden Kuchen in Ringe geschnitten und abwechselnd wieder zusammengesetzt.

Für 12 Stücke >> ***Vorbereitung:*** 75 Minuten plus Abkühl- & Kühlzeit >> ***Backzeit:*** 60 Minuten

Schokoladenteig

2 EL Kakaopulver

1 TL löslicher Kaffee

2 EL heißes Wasser

225 g Mehl

2¼ TL Backpulver

225 g weiche Butter, plus etwas mehr zum Einfetten

225 g feiner Zucker

4 Eier

25 g gemahlene Mandeln

2 EL Milch

Orangenteig

225 g Mehl

2¼ TL Backpulver

225 g weiche Butter

225 g feiner Zucker

4 Eier

40 g gemahlene Mandeln

2 EL Orangensaft

Zum Dekorieren

375 g Glänzende Schokoladencreme (siehe Seite 9)

je 2–3 EL weiße und dunkle Schokotröpfchen

Außerdem

2 runde Springformen (18 cm Ø)

1 runde Metall-Ausstechform (6 cm Ø)

1 Untertasse (12 cm Ø)

1. Den Backofen auf 180 °C vorheizen. 2 runde Springformen (18 cm Ø) einfetten und die Böden mit Backpapier auslegen.

2. Für den Schokoladenteig Kakaopulver und löslichen Kaffee in einer kleinen Schüssel mit dem heißen Wasser glatt rühren und beiseitestellen. Mehl und Backpulver in eine große Schüssel sieben. Butter, Zucker, Eier, gemahlene Mandeln und Milch zufügen. Mit einem elektrischen Handrührgerät 1–2 Minuten cremig rühren, dann die Kakaomischung einarbeiten.

3. Den Teig zu gleichen Teilen auf die vorbereiteten Formen verteilen (siehe Abb. 3) und im vorgeheizten Ofen 30 Minuten backen, bis der Teig aufgegangen ist und auf Fingerdruck leicht nachgibt. In den Formen 10 Minuten abkühlen lassen, dann auf Kuchengitter stürzen und vollständig abkühlen lassen. Den Ofen nicht abschalten. Die Formen auswaschen und abtrocknen. Dann erneut einfetten und die Böden mit neuem Backpapier auslegen.

4. Für den Orangenteig Mehl und Backpulver in eine große Schüssel sieben. Butter, Zucker, Eier und gemahlene Mandeln zugeben. Alles mit einem elektrischen Handrührgerät 1–2 Minuten cremig rühren, dann den Orangensaft unterrühren.

5. Den Teig zu gleichen Teilen auf die vorbereiteten Formen verteilen (wie Abb. 3) und im vorgeheizten Ofen 30 Minuten backen, bis der Teig aufgegangen ist und auf Fingerdruck leicht nachgibt. In den Formen 10 Minuten abkühlen lassen, dann auf Kuchengitter stürzen und vollständig abkühlen lassen.

FORTSETZUNG

3

7

8

9

10

11

SCHACHBRETT-TORTE FORTSETZUNG

6. Die abgekühlten Teigböden 30 Minuten ins Gefrierfach stellen, damit sie recht fest werden. Die gekühlten Böden auf zwei große Bretter legen. Wenn die Oberflächen gewölbt sind, müssen sie mit einem großen Messer gerade abgeschnitten werden.

7. Mit der Ausstechform (6 cm Ø) aus der Mitte jedes Bodens einen Kreis ausstechen und vorsichtig herausnehmen (siehe Abb. 7).

8. Dann mithilfe der Untertasse (12 cm Ø) aus jedem Boden einen Ring ausschneiden. Die Ringe vorsichtig herausnehmen. Es bleiben 4 äußere Ringe übrig (siehe Abb. 8).

9. Die Böden in abwechselnden Farben wieder zusammensetzen, sodass sie wie Zielscheiben aussehen (siehe Abb. 9). Vorsichtig arbeiten, damit die Ringe nicht zerbrechen.

10. Zum Dekorieren eine dünne Schicht Creme auf jeden Boden streichen, dann die Böden farblich abwechselnd aufeinandersetzen (siehe Abb. 10). Sorgfältig arbeiten, damit das Schachbrettmuster exakt aufeinander abgestimmt ist.

11. Oberfläche und Rand des Kuchens mit der restlichen Creme bestreichen und mit einem Palettenmesser glätten (siehe Abb. 11). Den unteren Rand und in der Mitte oben mit den Schokotröpfchen verzieren.

Tipp

Die Böden nicht zu lange ins Gefrierfach stellen, sonst werden sie spröde und können beim Ausschneiden der Ringe brechen. Falls sie zu fest sind, etwa 5–10 Minuten bei Zimmertemperatur antauen lassen.

FESTLICHE KÄSETORTE FORTSETZUNG

6. Den Teig zu gleichen Teilen in die vorbereiteten Formen füllen und glatt streichen. Im vorgeheizten Ofen 30 Minuten backen, bis der Teig aufgegangen ist und auf Fingerdruck leicht nachgibt. In den Formen abkühlen lassen, dann auf Kuchengitter stürzen und vollständig abkühlen lassen.

7. Den Springformrand vom Käsekuchen lösen und die Alufolie vom Rand abziehen. Einen Schokoladenboden darauflegen (siehe Abb. 7).

8. Käsekuchen und Schokoladenboden zusammen auf ein Brett oder eine Tortenplatte stürzen. Vorsichtig den Boden der Springform mit Backpapier und Alufolie abnehmen und dann den zweiten Schokoladenboden darauflegen (siehe Abb. 8).

9. Oberfläche und Rand der Torte dünn mit Frischkäse-Creme bestreichen und die Torte 30 Minuten in den Kühlschrank stellen.

10. Die restliche Frischkäse-Creme auf dem Kuchen verteilen und mit einem Palettenmesser glätten (siehe Abb. 10). Die geschmolzene Schokolade in einen kleinen Spritzbeutel aus Backpapier füllen. Die Spitze abschneiden und Schnörkel auf die Oberseite der Torte spritzen. Bis zum Servieren in den Kühlschrank stellen.

Tipp

Schokolade am besten immer über einem heißen Wasserbad schmelzen. Dazu die Schokolade in Stücke brechen und in einer hitzebeständigen Schüssel auf einen Topf mit leicht köchelndem Wasser stellen. Der Schüsselboden darf das Wasser nicht berühren. Erhitzen, bis die Schokolade geschmolzen ist, dann vom Herd nehmen und glatt rühren.

KNISTER-CUPCAKES

Mit ihrer Füllung aus Knisterzucker sorgen diese Cupcakes auf einem Kindergeburtstag garantiert für viel Gelächter.

Ergibt 12 Stücke >> ***Vorbereitung:*** 20 Minuten plus Abkühlzeit >> ***Backzeit:*** 15–20 Minuten

115 g Mehl

1½ TL Backpulver

115 g weiche Butter

115 g feiner Zucker

2 Eier (Größe L), verquirlt

2–3 Tropfen Vanillearoma

1 EL Milch

pinkfarbene Lebensmittelfarben-Paste

40 g Knisterzucker (Brausezucker)

Zum Dekorieren

525 g rosa gefärbte Buttercreme (siehe Seite 8)

rosa Glitzerzucker

Außerdem

1 Muffinbackblech mit 12 Vertiefungen

1 großer Spritzbeutel mit großer Sterntülle

1. Den Backofen auf 180 °C vorheizen. 12 Papierbackförmchen in die Vertiefungen des Muffinbackblechs setzen.

2. Mehl und Backpulver in eine große Schüssel sieben. Butter, Zucker, Eier, Vanillearoma und Milch zugeben und alles mit einem elektrischen Handrührgerät 1–2 Minuten cremig rühren. Den Teig mit Lebensmittelfarbe rosa einfärben (siehe Abb. 2).

3. Den Teig zu gleichen Teilen auf die Papierbackförmchen verteilen (siehe Abb. 3). Im vorgeheizten Ofen 15–20 Minuten backen, bis der Teig aufgegangen und goldbraun ist und auf Fingerdruck leicht nachgibt. Auf einem Kuchengitter abkühlen lassen.

4. Mit einem Messer mit Sägeklinge aus jedem Cupcake einen Kegel herausschneiden. In die Höhlung 1 Teelöffel Knisterzucker füllen, vom Teigkegel die Spitze abschneiden und den Kegel so wieder einsetzen, dass der Knisterzucker nicht zu sehen ist (siehe Abb. 4).

5. Zum Dekorieren die Buttercreme in einen großen Spritzbeutel mit großer Sterntülle füllen. Auf jeden Cupcake eine Rosette aus Creme spritzen und mit rosa Glitzerzucker bestreuen.

Tipp

Sie können die Cupcakes am Vortag backen oder bis zu 2 Monate lang einfrieren. Gefüllt und verziert werden sie aber erst kurz vor dem Servieren, sonst geht der Knistereffekt verloren.

2

3

4

ROSA SCHICHT-TORTE

Die Torte sieht mit den in Rosatönen abgestuften Böden und dem Farbverlauf der Glasur sehr edel aus. Sie können die Farben auch variieren und den Teig in Violett-, Blau-, Orange- oder Gelbtönen einfärben.

Ergibt 10 Stücke >> ***Vorbereitung:*** 60 Minuten plus Abkühl- & Kühlzeit >> ***Backzeit:*** 15–18 Minuten

225 g Mehl
2½ TL Backpulver
225 g weiche Butter, plus etwas mehr zum Einfetten
225 g feiner Zucker
4 Eier (Größe L)
2 EL Milch
2 TL Rosenwasser
pinkfarbene Lebensmittelfarben-Paste

Zum Dekorieren

790 g Buttercreme (siehe Seite 8)
pinkfarbene Lebensmittelfarben-Paste
1 EL Zuckerperlen mit Perlmuttglanz

Außerdem

4 runde Springformen (18 cm Ø)

1. Den Backofen auf 180 °C vorheizen. 4 runde Springformen (18 cm Ø) einfetten und die Böden mit Backpapier auslegen.

2. Mehl und Backpulver in eine große Schüssel sieben. Butter, Zucker, Eier, Milch und Rosenwasser zufügen und alles mit einem elektrischen Handrührgerät 1–2 Minuten zu einem glatten Teig verrühren (siehe Abb. 2). Die Menge mithilfe einer Waage in vier gleiche Portionen teilen und diese in vier separate Schüsseln geben.

3. Die Teigportionen mit Lebensmittelfarbe in vier deutlich zu unterscheidenden Rosatönen einfärben (siehe Abb. 3). Jede Teigportion in eine vorbereitete Backform füllen und glatt streichen.

4. Im vorgeheizten Ofen 15–18 Minuten backen, bis der Teig aufgegangen ist und auf Fingerdruck leicht nachgibt. 5 Minuten in den Formen abkühlen lassen, dann auf Kuchengitter stürzen und vollständig abkühlen lassen.

5. Die Böden mit 200 g Buttercreme zusammensetzen, dabei mit dem dunkelsten Boden beginnen und mit dem hellsten abschließen (siehe Abb. 5). Oberfläche und Rand der Torte dünn mit Buttercreme bestreichen, dann 30 Minuten in den Kühlschrank stellen.

6. Die Hälfte der restlichen Buttercreme in eine kleinere Schüssel füllen und mit Lebensmittelfarbe blassrosa einfärben. Die restliche Buttercreme in zwei Portionen teilen, eine in mittlerem Rosa und die andere kräftig pink einfärben (siehe Abb. 6).

FORTSETZUNG

2

3

5

6

7

8

ROSA SCHICHTTORTE FORTSETZUNG

7. Mit einem Palettenmesser die pinkfarbene Buttercreme auf den unteren Rand der Torte streichen. Darüber die Creme in mittlerem Rosa verteilen und den Übergang zur dunkleren Creme glätten (siehe Abb. 7).

8. Den oberen Rand mit der blassrosa Creme bestreichen, wieder den Übergang zur dunkleren Creme glätten. Mit der restlichen Creme die Oberfläche bestreichen und mit dem Palettenmesser dekorative Kreise ziehen (siehe Abb. 8). Kurz vor dem Servieren die Oberfläche mit den Zuckerperlen bestreuen.

Tipp

Wenn Sie nur zwei Formen haben, backen Sie die Böden in zwei Etappen. Etwas Teig vom ersten Arbeitsgang aufbewahren, um die Färbung der zweiten Portion darauf abzustimmen.

TUPFENTORTE

Über die leckere Schokoladentorte mit himmelblauen Punkten im Inneren werden Ihre Gäste staunen. Sie ist ganz einfach zu backen, allerdings brauchen Sie dafür eine Backform für Cake-Pops.

Ergibt 10 Stücke >> ***Vorbereitung:*** 90 Minuten plus Abkühlzeit >> ***Backzeit:*** 60 Minuten

Blauer Teig

100 g Mehl, gesiebt

1 TL Backpulver

100 g weiche Butter, plus etwas mehr zum Einfetten

100 g feiner Zucker

2 Eier

blaue Lebensmittelfarben-Paste

Schokoladenteig

200 g Mehl

2 TL Backpulver

35 g Kakaopulver

225 g weiche Butter, plus etwas mehr zum Einfetten

225 g feiner Zucker

4 Eier (Größe L)

4 EL Milch

Zum Dekorieren

375 g Glänzende Schokoladencreme (siehe Seite 9)

blaue Schokolinsen

Außerdem

1 Cake-Pop-Silikonbackform mit 20 Vertiefungen

2 runde Silikonbackformen (17 cm Ø)

1. Den Backofen auf 180 °C vorheizen. Beide Hälften der Cake-Pop-Backform dünn einfetten. Die untere Hälfte auf ein Backblech stellen.

2. Für die blauen Kugeln Mehl, Backpulver, Butter, Zucker und Eier in einer großen Schüssel mit einem elektrischen Handrührgerät 1–2 Minuten cremig rühren. Mit Lebensmittelfarbe intensiv blau einfärben (siehe Abb. 2).

3. Den Teig mit einem Teelöffel in die Vertiefungen der Cake-Pop- Backform füllen, aber nicht zu viel hineingeben (siehe Abb. 3). Die obere Hälfte der Form daraufsetzen. Im vorgeheizten Ofen 20 Minuten backen, bis die Teigkugeln aufgegangen sind und auf Fingerdruck leicht nachgeben. Die Kugeln 20 Minuten in der Form abkühlen lassen, dann herausnehmen und übergequollenen Teig mit einem kleinen Messer abschneiden. Auf einem Kuchengitter vollständig auskühlen lassen. Den Backofen nicht ausschalten.

4. Für die Schokoladenböden Mehl, Backpulver und Kakao in eine große Schüssel sieben. Butter, Zucker und Eier zugeben und alles mit einem elektrischen Handrührgerät 1–2 Minuten cremig rühren. Dann die Milch einarbeiten (siehe Abb. 4).

5. 2 runde Silikonbackformen (17 cm Ø) einfetten und auf ein großes Backblech setzen. Den Schokoladenteig in zwei gleiche Portionen teilen. In jede Form ein Drittel einer Teigportion füllen, jeweils 9 blaue Kugeln kreisförmig darauf anordnen und eine in die Mitte legen (siehe Abb. 5).

FORTSETZUNG

VERBORGENE HERZEN

In Inneren dieser Torte aus Rührteig mit Mandelaroma verbergen sich kleine Herzen aus Marzipan – eine süße Liebeserklärung!

Ergibt 8 Stücke >> ***Vorbereitung:*** 45 Minuten plus Abkühlzeit >> ***Backzeit:*** 25–30 Minuten

225 g weiche Butter, plus etwas mehr zum Einfetten
225 g feiner Zucker
4 Eier (Größe L), verquirlt
225 g Mehl
2¼ TL Backpulver
5 Tropfen Mandelaroma
1 EL Milch

Füllung & Dekoration

Puderzucker, zum Bestäuben
225 g Marzipanrohmasse
rote Lebensmittelfarben-Paste
525 g Buttercreme (siehe Seite 8)

Außerdem

2 runde Springformen (20 cm Ø)
1 dünnes Metallstäbchen
1 kleine Herz-Ausstechform

1. Den Backofen auf 180 °C vorheizen. 2 runde Springformen (20 cm Ø) einfetten und die Böden mit Backpapier auslegen.

2. Butter und Zucker in einer Schüssel schaumig rühren. Die verquirlten Eier nach und nach einrühren. Falls die Mischung gerinnen sollte, 1 Esslöffel Mehl unterrühren. Das restliche Mehl mit dem Backpulver in eine Schüssel sieben und mit einem Esslöffel unterheben. Mandelaroma und Milch einarbeiten.

3. Den Teig zu gleichen Teilen auf die Formen verteilen und glatt streichen. Im vorgeheizten Ofen 25–30 Minuten backen, bis der Teig goldbraun ist und auf Fingerdruck leicht nachgibt. 10 Minuten in den Formen abkühlen lassen, dann auf Kuchengitter stürzen und ganz auskühlen lassen.

4. Etwas Puderzucker auf die Arbeitsfläche streuen und das Marzipan darauf durchkneten. So viel Lebensmittelfarbe unterkneten, dass das Marzipan leuchtend rot wird.

5. 70 g Marzipan abnehmen und zu einem 35 cm langen Strang rollen. Dann aus 50 g Marzipan einen 20 cm langen Strang rollen (siehe Abb. 5).

6. Nun den herzförmigen Querschnitt der Marzipanrollen formen. Beide Stränge längs mit einem Messer einritzen und die so entstandene Rille mit einem Metallstäbchen nachziehen. Dann umdrehen und mit den Fingern auf der anderen Seite eine spitze Kante, die spätere Herzspitze, formen (siehe Abb. 6).

FORTSETZUNG

5

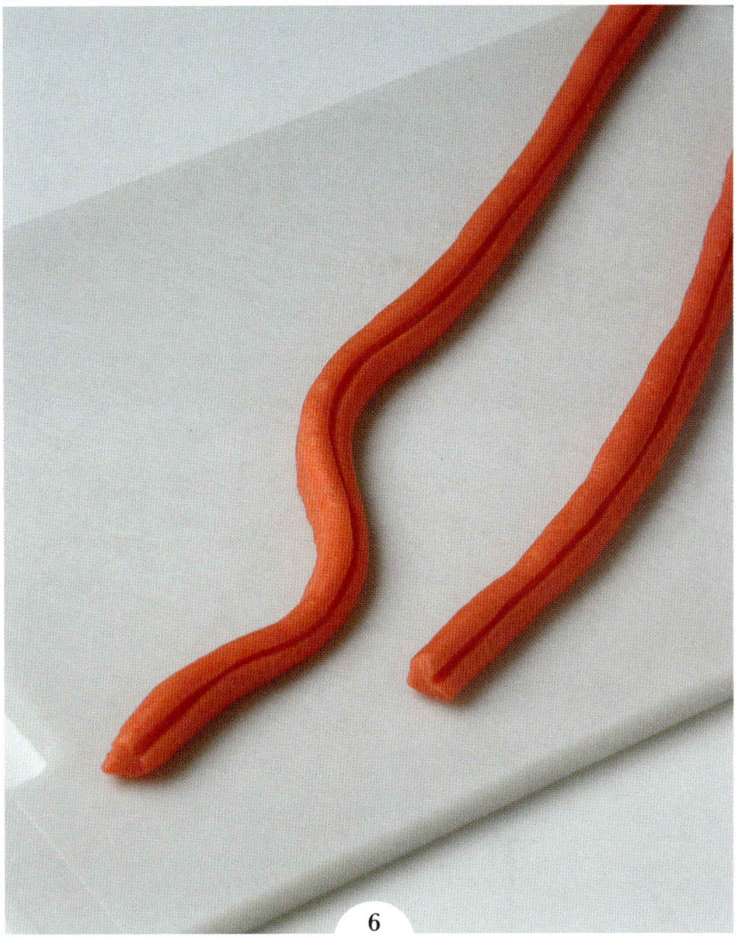
6

7

8

VERBORGENE HERZEN FORTSETZUNG

7. Einen Teigboden mit 175 g Buttercreme bestreichen. Die herzförmigen Marzipanstränge mit der spitzen Kante nach unten in zwei konzentrischen Kreisen darauflegen und leicht andrücken (siehe Abb. 7). Dann 175 g Buttercreme gleichmäßig auf den Marzipansträngen verstreichen und den zweiten Teigboden daraufsetzen.

8. Den oberen Teigboden mit der restlichen Buttercreme bestreichen und mit dem Palettenmesser Kreise in die Creme ziehen. Etwas Puderzucker auf die Arbeitsfläche streuen, das restliche Marzipan dünn darauf ausrollen und 8 Herzen ausstechen. Die Torte damit dekorieren (siehe Abb. 8).

Tipp

Zum Einfärben des Marzipans mit einem Zahnstocher etwas Lebensmittelfarbe auf die Rohmasse tupfen und unterkneten. Wiederholen, bis die gewünschte Färbung erreicht ist.

CUPCAKES COOKIES & CREAM

Diese leckeren Cupcakes mit der zarten Cremehaube haben einen knusprigen Schoko-Keks als Boden, und auch das Innere überrascht mit knackigem Biss. Sie sind schnell bis auf den letzten Krümel weggeputzt.

Ergibt 12 Stücke >> ***Vorbereitung:*** 20 Minuten plus Abkühlzeit >> ***Backzeit:*** 20–25 Minuten

20 runde Schokoladendoppelkekse mit heller Cremefüllung (4,5–5 cm Ø)

115 g weiche Butter

115 g feiner Zucker

2 Eier (Größe L), verquirlt

115 g Mehl

1¼ TL Backpulver

2–3 Tropfen Vanillearoma

1 EL Milch

Zum Dekorieren

570 g Frischkäse-Creme, gekühlt (siehe Seite 10)

14 runde Mini-Schokoladenkekse mit heller Cremefüllung

Außerdem

1 Muffinbackblech mit 12 Vertiefungen

1 großer Spritzbeutel mit großer Sterntülle

1. Den Backofen auf 180 °C vorheizen. 12 Papierbackförmchen in die Vertiefungen des Muffinbackblechs setzen und in jedes einen Schokoladenkeks legen (siehe Abb. 1). Die restlichen Kekse grob zerkrümeln und beiseitestellen.

2. Butter und Zucker in einer Schüssel hell und cremig aufschlagen. Die verquirlten Eier nach und nach einrühren. Falls die Mischung gerinnen sollte, 1 Esslöffel Mehl einarbeiten. Das restliche Mehl mit dem Backpulver über die Mischung sieben und mit einem Esslöffel unterheben. Vanillearoma, Milch und zerbröselte Kekse einrühren.

3. Den Teig zu gleichen Teilen auf die Papierbackförmchen verteilen (siehe Abb. 3). Im vorgeheizten Ofen 20–25 Minuten backen, bis der Teig aufgegangen und goldbraun ist und auf Fingerdruck leicht nachgibt. Auf einem Kuchengitter abkühlen lassen.

4. Zum Dekorieren die Glasur in einen großen Spritzbeutel mit großer Sterntülle füllen. Auf jeden Cupcake eine Cremerosette spritzen und mit einem Mini-Keks garnieren (siehe Abb. 4).

5. Die beiden restlichen Mini-Kekse auseinandernehmen, die Creme abschaben und die Kekse zerbröseln. Auf die Creme streuen.

Tipp

Die Kekse nicht zu fein zerbröseln, sonst geht ihr knuspriger Biss verloren.

1

3

4

BABY-TORTE

Die Füllung aus Süßigkeiten in Rosa oder Hellblau verrät, ob die Geburt eines Jungen oder eines Mädchens zu feiern ist.

Ergibt 8 Stücke >> ***Vorbereitung:*** 60 Minuten plus Abkühlzeit >> ***Backzeit:*** 25–30 Minuten

225 g Mehl
2½ TL Backpulver
225 g Butter, plus etwas mehr zum Einfetten
225 g feiner Zucker
4 Eier
5 Tropfen Vanillearoma

Füllung & Dekoration

175 g Buttercreme (siehe Seite 8)
175 g Süßigkeiten in Rosa und Hellblau, z. B. Zuckermandeln oder Schokolinsen
Puderzucker, zum Bestreuen
500 g weißer Rollfondant
Lebensmittelfarben-Paste in Hellblau und Rosa

Außerdem

3 runde Springformen (16 cm Ø)
1 runde Metall-Ausstechform (7 cm Ø)
1 kleine runde Ausstechform
1 dünner Backpinsel

1. Den Backofen auf 180 °C vorheizen. 3 runde Springformen (16 cm Ø) einfetten und die Böden mit Backpapier auslegen.

2. Mehl und Backpulver in eine große Schüssel sieben. Butter, Zucker, Eier und Vanillearoma zufügen und alles mit einem elektrischen Handrührgerät 1–2 Minuten cremig rühren. Den Teig mithilfe einer Waage dritteln, in die vorbereiteten Formen füllen und glatt streichen.

3. Im vorgeheizten Ofen 25–30 Minuten backen, bis der Teig aufgegangen ist und auf Fingerdruck leicht nachgibt. In den Formen 10 Minuten abkühlen lassen, dann auf Kuchengitter stürzen und vollständig auskühlen lassen.

4. Mit der 7-cm-Ausstechform aus einem Teigboden die Mitte ausstechen, sodass ein Ring entsteht. Die Form in die Mitte der beiden anderen Böden drücken, aber nicht ganz durchdrücken. Aus den beiden Böden eine Vertiefung aushöhlen. Eine 1 cm dicke Teigschicht muss stehen bleiben (siehe Abb. 4).

5. Einen Boden mit der Vertiefung nach oben auf ein Brett legen. Rings um die Vertiefung ein Viertel der Buttercreme verstreichen. Den Teigring daraufsetzen und wieder mit einem Viertel der Buttercreme bestreichen.

6. Den Hohlraum mit Süßigkeiten in Hellblau oder Rosa füllen (siehe Abb. 6). Den letzten Teigboden mit der Vertiefung nach unten daraufsetzen. Oberfläche und Rand der Torte dünn mit Buttercreme bestreichen.

FORTSETZUNG

4

6

7

9

BABY-TORTE FORTSETZUNG

7. Etwas Puderzucker auf die Arbeitsfläche streuen und den Rollfondant darauf zu einem Kreis von 36 cm Durchmesser ausrollen. Vorsichtig mit dem Rollholz auf die Torte legen und ringsherum überhängen lassen (siehe Abb. 7). Falten in der Fondantdecke vorsichtig mit den Händen glätten. Den überstehenden Rand mit einem kleinen Messer abschneiden.

8. Die Fondantreste zusammenkneten und in zwei Portionen teilen. Eine Portion durch Einkneten hellblau, die andere rosa einfärben.

9. Puderzucker auf die Arbeitsfläche streuen und den gefärbten Fondant darauf ausrollen. Etwa 15 Kreise in jeder Farbe ausstechen, mithilfe eines Pinsels mit etwas Wasser anfeuchten und in lockerer Anordnung mit der angefeuchteten Seite nach unten auf der Fondantdecke verteilen (siehe Abb. 9).

Tipp

Anstelle von Kreisen können Sie für die Dekoration auch Teddybären, Blumen oder andere Formen ausstechen.

TUPFENTORTE

Über die leckere Schokoladentorte mit himmelblauen Punkten im Inneren werden Ihre Gäste staunen. Sie ist ganz einfach zu backen, allerdings brauchen Sie dafür eine Backform für Cake-Pops.

Ergibt 10 Stücke >> ***Vorbereitung:*** 90 Minuten plus Abkühlzeit >> ***Backzeit:*** 60 Minuten

Blauer Teig

100 g Mehl, gesiebt

1 TL Backpulver

100 g weiche Butter, plus etwas mehr zum Einfetten

100 g feiner Zucker

2 Eier

blaue Lebensmittelfarben-Paste

Schokoladenteig

200 g Mehl

2 TL Backpulver

35 g Kakaopulver

225 g weiche Butter, plus etwas mehr zum Einfetten

225 g feiner Zucker

4 Eier (Größe L)

4 EL Milch

Zum Dekorieren

375 g Glänzende Schokoladencreme (siehe Seite 9)

blaue Schokolinsen

Außerdem

1 Cake-Pop-Silikonbackform mit 20 Vertiefungen

2 runde Silikonbackformen (17 cm Ø)

1. Den Backofen auf 180 °C vorheizen. Beide Hälften der Cake-Pop-Backform dünn einfetten. Die untere Hälfte auf ein Backblech stellen.

2. Für die blauen Kugeln Mehl, Backpulver, Butter, Zucker und Eier in einer großen Schüssel mit einem elektrischen Handrührgerät 1–2 Minuten cremig rühren. Mit Lebensmittelfarbe intensiv blau einfärben (siehe Abb. 2).

3. Den Teig mit einem Teelöffel in die Vertiefungen der Cake-Pop- Backform füllen, aber nicht zu viel hineingeben (siehe Abb. 3). Die obere Hälfte der Form daraufsetzen. Im vorgeheizten Ofen 20 Minuten backen, bis die Teigkugeln aufgegangen sind und auf Fingerdruck leicht nachgeben. Die Kugeln 20 Minuten in der Form abkühlen lassen, dann herausnehmen und übergequollenen Teig mit einem kleinen Messer abschneiden. Auf einem Kuchengitter vollständig auskühlen lassen. Den Backofen nicht ausschalten.

4. Für die Schokoladenböden Mehl, Backpulver und Kakao in eine große Schüssel sieben. Butter, Zucker und Eier zugeben und alles mit einem elektrischen Handrührgerät 1–2 Minuten cremig rühren. Dann die Milch einarbeiten (siehe Abb. 4).

5. 2 runde Silikonbackformen (17 cm Ø) einfetten und auf ein großes Backblech setzen. Den Schokoladenteig in zwei gleiche Portionen teilen. In jede Form ein Drittel einer Teigportion füllen, jeweils 9 blaue Kugeln kreisförmig darauf anordnen und eine in die Mitte legen (siehe Abb. 5).

FORTSETZUNG

2

3

4

5

6

8

TUPFENTORTE FORTSETZUNG

6. Den restlichen Schokoladenteig so auf die Formen verteilen, dass die Kugeln ganz bedeckt sind. Vorsichtig mit einem Palettenmesser glatt streichen (siehe Abb. 6).

7. Im vorgeheizten Ofen 35–40 Minuten backen, bis der Teig aufgegangen ist und auf Fingerdruck leicht nachgibt. 10 Minuten in den Formen ruhen lassen, dann auf Kuchengitter stürzen und ganz auskühlen lassen.

8. Zum Dekorieren einen Boden mit einem Viertel der Creme bestreichen, den zweiten Boden daraufsetzen. Die restliche Creme auf Oberfläche und Rand der Torte verteilen, mit dem Palettenmesser glätten (siehe Abb. 8) und in die Oberfläche ein Strahlenmuster ziehen. Rings um den Rand die blauen Schokolinsen behutsam in die Creme drücken.

Tipp

Sie können die Teigkugeln auch in einer anderen Farbe herstellen oder den Teig in mehreren Portionen backen und unterschiedlich einfärben.

NEAPOLITANISCHE TORTE

Diese Torte mit ihren verschiedenfarbigen Schoko-, Erdbeer- und Vanilleböden, die sich unter einer Hülle aus rosa-weißen Cremerosetten verbergen, ist eine tolle Attraktion für eine sommerliche Kaffeestunde.

Ergibt 10 Stücke >> ***Vorbereitung:*** 60 Minuten plus Abkühl- & Kühlzeit >> ***Backzeit:*** 25–30 Minuten

1½ EL Kakaopulver, gesiebt

1½ EL heißes Wasser

225 g Mehl

2½ TL Backpulver

225 g weiche Butter, plus etwas mehr zum Einfetten

225 g feiner Zucker

4 Eier

2 EL Milch

2–3 Tropfen Vanillearoma

2–3 Tropfen Erdbeeraroma

pinkfarbene Lebensmittelfarben-Paste

Zum Dekorieren

790 g Buttercreme (siehe Seite 8)

pinkfarbene Lebensmittelfarben-Paste

Außerdem

3 runde Springformen (16 cm Ø)

1 großer Spritzbeutel mit mittlerer Sterntülle

1. Den Backofen auf 180 °C vorheizen. 3 Springformen (16 cm Ø) einfetten und die Böden mit Backpapier auslegen. Das Kakaopulver in einer kleinen Schüssel mit dem heißen Wasser glatt rühren und beiseitestellen.

2. Mehl und Backpulver in eine große Schüssel sieben. Butter, Zucker, Eier und Milch zufügen und alles mit einem elektrischen Handrührgerät 1–2 Minuten cremig rühren (siehe Abb. 2). Den Teig mithilfe einer Waage in drei Portionen teilen und diese in drei separate Schüsseln füllen.

3. Eine Teigportion mit dem angerührten Kakao vermischen. Unter die zweite Teigportion das Vanillearoma rühren. Die dritte Teigportion mit dem Erdbeeraroma verrühren und mit der Lebensmittelfarbe kräftig pink färben.

4. Die Teige in die vorbereiteten Formen füllen, glatt streichen und im vorgeheizten Ofen 25 Minuten backen, bis der Teig aufgegangen ist und auf Fingerdruck leicht nachgibt. Der Schokoladenboden braucht eventuell 4–5 Minuten länger. In den Formen 10 Minuten abkühlen lassen, dann auf Kuchengitter stürzen und vollständig auskühlen lassen (siehe Abb. 4).

5. Zum Dekorieren die Böden mit etwas Buttercreme zusammensetzen – der Schokoladenboden unten, der Vanilleboden oben (siehe Abb. 5). Rand und Oberfläche dünn mit Buttercreme bestreichen und die Torte 30 Minuten in den Kühlschrank stellen.

FORTSETZUNG

2

4

5

7

NEAPOLITANISCHE TORTE FORTSETZUNG

6. Die restliche Buttercreme in zwei gleiche Portionen teilen und eine Portion mit Lebensmittelfarbe kräftig rosa färben. Mit einem Teigschaber nur auf einer Seite in den Spritzbeutel einfüllen. Die weiße Buttercremeportion in die andere Seite des Spritzbeutels füllen. Dadurch entstehen beim Spritzen zweifarbige Rosetten.

7. Von unten nach oben eine Reihe aus drei Rosetten auf den Rand der Torte spritzen. Ringsherum wiederholen, bis der Rand vollständig bedeckt ist (siehe Abb. 7). Auf der Oberfläche die Rosetten in konzentrischen Kreisen aufspritzen.

Tipp

Für eine einfachere Dekoration die Hälfte der Buttercreme zum Zusammensetzen der Böden verwenden und die Torte mit der anderen Hälfte bestreichen. Mit einem Palettenmesser glätten und mit Schokolinsen in Rosa und Weiß verzieren.

HALLOWEEN-KUCHEN

Dies ist der perfekte Kuchen für eine Halloween-Party. Ihre Gäste werden rätseln, wie Sie wohl die Fledermäuse überredet haben, sich im Teig zu verstecken.

Ergibt 8 Stücke >> ***Vorbereitung:*** 70 Minuten plus Abkühl- & Kühlzeit >> ***Backzeit:*** 85–105 Minuten

Schwarzer Teig

115 g Mehl

1½ TL Backpulver

115 g weiche Butter, plus etwas mehr zum Einfetten

115 g feiner Zucker

2 Eier (Größe L)

1 EL schwarze Lebensmittelfarben-Paste

Gewürzteig

200 g Mehl

2 TL Backpulver

175 g weiche Butter, plus etwas mehr zum Einfetten

100 g feiner Zucker

70 g heller Muskovado-Zucker

3 Eier

2 EL Ahornsirup

1 TL Lebkuchengewürzmischung

Zum Dekorieren

285 g Frischkäse-Creme (siehe Seite 10)

Außerdem

1 Kastenbackform (900 g Inhalt)

1 Fledermaus-Ausstechform

1. Den Backofen auf 180 °C vorheizen. Die Kastenbackform (900 g Inhalt) einfetten. Den Boden und die Längsseiten mit Backpapier auskleiden.

2. Für den schwarzen Teig Mehl, Backpulver, Butter, Zucker und Eier in einer großen Schüssel mit einem elektrischen Handrührgerät 1–2 Minuten cremig rühren. Die schwarze Lebensmittelfarbe einarbeiten.

3. Den Teig in die vorbereitete Backform füllen und glatt streichen. Im vorgeheizten Ofen 30–40 Minuten backen, bis der Teig aufgegangen ist und auf Fingerdruck leicht nachgibt oder bis an einem in der Mitte eingestochenen Stäbchen keine Teigspuren haften bleiben. In der Form 10 Minuten abkühlen lassen, dann auf ein Kuchengitter stürzen und vollständig auskühlen lassen. Den Ofen ausschalten. Die Form auswaschen und abtrocknen. Dann erneut einfetten und Boden sowie Längsseiten mit Backpapier auskleiden.

4. Den kalten, schwarzen Kuchen mit einem scharfen Messer in 10 gleich dicke Scheiben schneiden (siehe Abb. 4). Die Scheiben nebeneinander auf ein Brett legen und 25 Minuten ins Gefrierfach stellen.

5. Inzwischen den Backofen auf 160 °C vorheizen.

6. Alle Zutaten für den Gewürzteig in eine große Schüssel geben und mit einem elektrischen Handrührgerät 1–2 Minuten cremig rühren. Die Hälfte des Teigs in die vorbereitete Form füllen und mit dem Palettenmesser glätten. Die Oberfläche muss schräg nach unten verlaufen (siehe Abb. 6).

FORTSETZUNG

4

6

7

8

9

11

HALLOWEEN-KUCHEN FORTSETZUNG

7. Aus den gekühlten schwarzen Kuchenscheiben mit der Ausstechform 10 Fledermäuse ausstechen (siehe Abb. 7). (Die Kuchenreste anderweitig verwenden oder für eine spätere Verwendung einfrieren.)

8. Die Fledermäuse dicht an dicht auf den Gewürzteig in der Kastenform setzen (siehe Abb. 8).

9. Den restlichen Gewürzteig so auf den Fledermäusen verteilen, dass sie ganz bedeckt sind (siehe Abb. 9). Den Teig glatt streichen.

10. Im vorgeheizten Ofen 55–65 Minuten backen, bis der Teig goldbraun und aufgegangen ist oder bis an einem eingestochenen Stäbchen keine Teigspuren haften bleiben. 10 Minuten in der Form ruhen lassen, dann auf ein Kuchengitter setzen und vollständig auskühlen lassen.

11. Zum Dekorieren die Frischkäse-Creme mit einem Palettenmesser auf der Oberfläche des Kuchens verteilen und ein dekoratives Muster einziehen (siehe Abb. 11).

Tipp

Stilechte Kürbis-Dekorationen können Sie aus orangefarbener Fondantmasse formen. Stiele einfach aus grünem Weingummi zuschneiden.

BEEREN-KASKADE

Die sommerliche Torte hat eine Füllung aus saftigen ganzen Beeren, die beim Anschneiden herausfallen. Sie eignet sich auch wunderbar als Dessert für ein festliches Menü. Servieren Sie dazu eine fruchtige Beerensauce.

Ergibt 12 Stücke >> ***Vorbereitung:*** 45 Minuten plus Abkühl- & Kühlzeit >> ***Backzeit:*** 25–30 Minuten

350 g weiche Butter, plus etwas mehr zum Einfetten
350 g feiner Zucker
6 Eier, verquirlt
350 g Mehl
3½ TL Backpulver
5 Tropfen Vanillearoma
2 EL Milch

Füllung & Dekoration

475 g Mascarpone-Creme (siehe Seite 10)
300 g gemischte Beeren, z. B. Himbeeren, Rote Johannisbeeren, Blaubeeren und kleine Erdbeeren

Außerdem

3 runde Springformen (20 cm Ø)
1 runde Untertasse (14 cm Ø)

1. Den Backofen auf 180 °C vorheizen. 3 runde Springformen (20 cm Ø) einfetten und die Böden mit Backpapier auslegen.

2. Butter und Zucker in einer Schüssel cremig rühren. Die verquirlten Eier nach und nach einrühren. Falls die Mischung gerinnen sollte, 1 Esslöffel Mehl einarbeiten. Das restliche Mehl mit dem Backpulver in die Schüssel sieben und mit einem Esslöffel unterheben. Vanillearoma und Milch untermischen.

3. Den Teig zu gleichen Teilen auf die vorbereiteten Formen verteilen und glatt streichen. Im vorgeheizten Ofen 25–30 Minuten backen, bis der Teig aufgegangen ist und auf Fingerdruck leicht nachgibt. In den Formen 10 Minuten abkühlen lassen, dann auf ein Kuchengitter stürzen und vollständig auskühlen lassen.

4. In die Mitte eines Teigbodens eine Untertasse (14 cm Ø) legen und ringsherum den Boden ausschneiden, um einen Ring zu erhalten. Einen ganzen Teigboden auf ein Brett legen und am Rand 3 cm breit mit etwas Creme bestreichen. Den Ring daraufsetzen (siehe Abb. 4).

5. Zwei Drittel der Beeren in die Mitte füllen (siehe Abb. 5). Den Ring mit etwas Creme bestreichen und den letzten Teigboden vorsichtig darauflegen.

6. Den Rand der Torte mit etwas Creme bestreichen und die Torte 15 Minuten in den Kühlschrank stellen.

7. Zwei Drittel der restlichen Creme auf den Rand der Torte streichen und mit dem Palettenmesser senkrechte Linien ziehen (siehe Abb. 7). Die restliche Creme auf die Oberfläche streichen. Mit den restlichen Beeren dekorativ belegen.

4

5

7

Tipp

Die Teigböden können Sie am Vortag backen oder bis zu 2 Monate einfrieren. Zusammengesetzt wird die Torte aber erst kurz vor dem Servieren, sonst saugt sie sich mit Fruchtsaft voll und weicht durch.

TROPISCHER SONNENAUFGANG

Wenn Sie diesen Kuchen anschneiden, dürfen Sie mit erstaunten Fragen rechnen. Sie brauchen ja niemandem zu verraten, wie einfach er zu backen ist.

Ergibt 10 Stücke >> ***Vorbereitung:*** 95 Minuten plus Abkühl- & Kühlzeit >> ***Backzeit:*** 125–135 Minuten

Schokoladenteig

150 g Mehl

2 TL Backpulver

25 g Kakaopulver

175 g weiche Butter, plus etwas mehr zum Einfetten

175 g feiner Zucker

3 Eier (Größe L)

„Sonnenaufgangs"-Teig

200 g Mehl

2 TL Backpulver

175 g weiche Butter

175 g feiner Zucker

3 Eier (Größe L)

2 EL Milch

Lebensmittelfarben-Paste in Rot, Orange und Gelb

Zum Dekorieren

190 g Glänzende Schokoladencreme (siehe Seite 9)

Außerdem

1 Kastenbackform (900 g Inhalt), 20 cm lang und mindestens 8 cm hoch

1 Palmen-Ausstechform

1. Den Backofen auf 180 °C vorheizen. Eine Kastenbackform (900 g Inhalt, 20 cm lang, mindestens 8 cm hoch) einfetten, den Boden und die Längsseiten mit Backpapier auskleiden.

2. Für den Schokoladenteig Mehl, Backpulver und Kakaopulver in eine große Schüssel sieben. Butter, Zucker und Eier zufügen und alles mit einem elektrischen Handrührgerät 1–2 Minuten cremig rühren.

3. Den Teig in die vorbereitete Backform füllen und glatt streichen. Im vorgeheizten Ofen 45–50 Minuten backen, bis der Teig aufgegangen ist und auf Fingerdruck leicht nachgibt oder bis an einem in der Mitte eingestochenen Stäbchen keine Teigspuren haften bleiben. In der Form 10 Minuten abkühlen lassen, dann auf ein Kuchengitter stürzen und vollständig auskühlen lassen. Den Ofen ausschalten.

4. Den kalten Kuchen mit einem scharfen Messer in 8 gleich dicke Scheiben schneiden. Die Scheiben nebeneinander auf ein Brett legen und 30 Minuten ins Gefrierfach stellen. Wenn die Scheiben fest sind, mit der Ausstechform 8 Palmen aus dem Schokoladenteig ausstechen (siehe Abb. 4). Nochmals 20–30 Minuten ins Gefrierfach stellen. (Die Kuchenreste anderweitig verwenden oder für eine spätere Verwendung einfrieren.)

5. Inzwischen den Backofen auf 160 °C vorheizen. Die Backform auswaschen und abtrocknen. Dann erneut einfetten und Boden sowie Längsseiten mit Backpapier auskleiden.

FORTSETZUNG

4

6

7

8

9

10

TROPISCHER SONNENAUFGANG FORTSETZUNG

6. Für den „Sonnenaufgangs"-Teig Mehl, Backpulver, Butter, Zucker, Eier und Milch in einer großen Schüssel mit einem elektrischen Handrührgerät 1–2 Minuten cremig rühren. In 3 gleich große Portionen teilen und die Portionen mit den Lebensmittelfarben Rot, Gelb und Orange einfärben (siehe Abb. 6).

7. Den hellroten Teig auf den Boden der vorbereiteten Form geben. Die Hälfte des orangefarbenen Teigs nur entlang einer Längswand der Form einfüllen (siehe Abb. 7).

8. Die gekühlten Schoko-Palmen in einem einheitlichen Winkel dicht an dicht in die Form setzen (siehe Abb. 8).

9. Den restlichen orangefarbenen Teig auf die Stämme der Palmen füllen (siehe Abb. 9).

10. Dann den gelben Teig in die Form füllen und die Palmen damit vollständig bedecken. Vorsichtig mit einem Palettenmesser glatt streichen, aber dabei die Palmen nicht verschieben (siehe Abb. 10).

11. Im vorgeheizten Ofen 1 Stunde 20–25 Minuten backen, bis der Teig goldbraun und aufgegangen ist oder bis an einem eingestochenen Stäbchen keine Teigspuren haften bleiben. Falls die Oberfläche zu stark bräunt, nach etwa 1 Stunde 10 Minuten mit Alufolie abdecken. 15 Minuten in der Form abkühlen lassen, dann auf ein Kuchengitter setzen und vollständig auskühlen lassen.

12. Zum Dekorieren die Schokoladencreme mit einem Palettenmesser dick auf die Oberfläche des Kuchens streichen und ein dekoratives Muster einziehen.

Tipp

Die Palmen möglichst dicht an dicht in die Form legen, damit beim Backen kein Teig in eventuelle Zwischenräume dringen kann.

WEIHNACHTSBAUM-KUCHEN

Wenn sich Weihnachten die ganze Familie zum Kaffee einfindet, können Sie mit diesem Kuchen richtig Eindruck machen. An den versteckten Tannenbäumen haben nicht nur Kinder Freude.

Ergibt 16 Stücke >> ***Vorbereitung:*** 60 Minuten plus Abkühl- & Kühlzeit >> ***Backzeit:*** 105–115 Minuten

Grüner Teig

225 g Mehl, plus etwas mehr zum Bestäuben

2½ TL Backpulver

225 g weiche Butter, plus etwas mehr zum Einfetten

225 g feiner Zucker

4 Eier (Größe L)

grüne Lebensmittelfarben-Paste

Vanilleteig

250 g Mehl

2½ TL Backpulver

225 g weiche Butter

225 g feiner Zucker

4 Eier (Größe L)

5 Tropfen Vanillearoma

Zum Dekorieren

525 g Buttercreme (siehe Seite 8)

2 TL Zuckerstreusel in Rot, Grün und Weiß

1 TL silberne Zuckerperlen (nach Belieben)

Außerdem

1 Ringbackform (2 l Inhalt, mindestens 8 cm hoch)

1 Tannenbaum-Ausstechform (7 cm hoch)

1 großer Einweg-Spritzbeutel mit mittlerer Lochtülle

1. Den Backofen auf 160 °C vorheizen. Eine Ringbackform (2 l Inhalt, mindestens 8 cm hoch) sorgfältig einfetten und mit etwas Mehl bestäuben.

2. Für den grünen Teig Mehl, Backpulver, Butter, Zucker und Eier in einer großen Schüssel mit einem elektrischen Handrührgerät 1–2 Minuten cremig rühren. Den Teig mit Lebensmittelfarbe kräftig grün einfärben.

3. Den Teig in die vorbereitete Form füllen und glatt streichen. Im vorgeheizten Ofen 45–50 Minuten backen, bis der Teig aufgegangen ist und auf Fingerdruck leicht nachgibt oder bis an einem eingestochenen Stäbchen keine Teigspuren haften bleiben. In der Form 10 Minuten abkühlen lassen, dann vorsichtig auf ein Kuchengitter stürzen und vollständig auskühlen lassen. Den Ofen abschalten.

4. Den ausgekühlten Kuchen auf ein Brett legen und mit einem scharfen Messer in 16 Stücke schneiden (siehe Abb. 4). Die Stücke etwas auseinanderrücken, dann das Brett mit dem Kuchenring 30 Minuten ins Gefrierfach stellen.

5. Mit einer 7 cm hohen Tannenbaum-Ausstechform aus jedem Kuchenstück einen Baum ausstechen. Die Bäumchen wieder zum Ring anordnen (siehe Abb. 5) und nochmals 30–40 Minuten ins Gefrierfach stellen, bis sie sehr fest sind. Die Kuchenreste anderweitig verwenden oder für eine spätere Verwendung einfrieren.

FORTSETZUNG

4

5

8

9

10

12

WEIHNACHTSBAUM-KUCHEN FORTSETZUNG

6. Inzwischen den Backofen auf 160 °C vorheizen. Die Ringbackform auswaschen, abtrocknen und erneut sorgfältig einfetten. Mit etwas Mehl bestäuben.

7. Alle Zutaten für den Vanilleteig in einer großen Schüssel mit einem elektrischen Handrührgerät 1–2 Minuten cremig rühren. Den Teig in einen großen Einweg-Spritzbeutel mit mittlerer Lochtülle füllen.

8. Auf den Formboden 3 Bahnen Teig spritzen. Weiteren Teig an das Rohr in der Mitte der Form spritzen und mit einem Palettenmesser glätten (siehe Abb. 8).

9. Mit der Spitze nach unten 2 Tannenbäume in die Form setzen und an das Rohr in der Mitte der Form lehnen. Mit den anderen Tannenbäumen ebenso verfahren. Es sollen möglichst keine Lücken zwischen den Tannenbäumen entstehen (siehe Abb. 9).

10. Den restlichen Teig in die Form spritzen, bis die Tannenbäume ganz bedeckt sind (siehe Abb. 10). Vorsichtig glatt streichen.

11. Im vorgeheizten Ofen 45 Minuten backen, dann die Form locker mit Alufolie abdecken. Weitere 15–20 Minuten backen, bis an einem eingestochenen Stäbchen keine Teigspuren haften bleiben. Das Stäbchen an einer Stelle einstechen, an der sich überwiegend Vanilleteig befindet. 15 Minuten in der Form abkühlen lassen. Den Kuchen mit einem kleinen, abgewinkelten Palettenmesser vom Formrand lösen, dann vorsichtig auf ein Kuchengitter stürzen und vollständig auskühlen lassen.

12. Den Kuchen dünn mit Buttercreme bestreichen und 30 Minuten in den Kühlschrank stellen. Die restliche Buttercreme auf dem Kuchen verteilen und mit dem Palettenmesser ein dekoratives Muster einziehen (siehe Abb. 12). Mit bunten Zuckerstreuseln und nach Belieben auch mit silbernen Zuckerperlen dekorieren.

Tipp

Anstelle des Tannenbaums können Sie auch andere Formen verwenden, vielleicht einen Stern oder einen Nikolaus. Wichtig ist nur, dass die Ausstechform etwas niedriger als die Backform ist.

CUPCAKES MIT HERZEN

In diesen kleinen Schokoladen-Cupcakes verstecken sich rosa Herzen. In einer hübschen Schachtel sind sie das perfekte Geschenk zum Valentinstag.

Ergibt 12 Stücke >> **Vorbereitung:** 40 Minuten plus Abkühl- & Kühlzeit >> **Backzeit:** 40–45 Minuten

Rosa Teig

100 g Mehl

1¼ TL Backpulver

100 g weiche Butter, plus etwas mehr zum Einfetten

100 g feiner Zucker

2 Eier

pinkfarbene Lebensmittelfarben-Paste

Schokoladenteig

150 g Mehl

1½ TL Backpulver

25 g Kakaopulver

2½ TL Backpulver

175 g weiche Butter

175 g feiner Zucker

3 Eier

1 EL Milch

Zum Dekorieren

525 g Buttercreme (siehe Seite 8)

1 EL Mini-Zuckerherzen in Rot oder Rosa

Außerdem

1 runde Springform (18 cm Ø)

1 Herz-Ausstechform (4 cm breit)

1 Muffinbackblech mit 12 Vertiefungen

1 großer Einweg-Spritzbeutel mit großer Lochtülle

1. Den Backofen auf 180 °C vorheizen. Eine runde Springform (18 cm Ø) einfetten und den Boden mit Backpapier auslegen.

2. Für den rosa Teig Mehl, Backpulver, Butter, Zucker und Eier in einer großen Schüssel mit einem elektrischen Handrührgerät 1–2 Minuten cremig rühren. Den Teig mit Lebensmittelfarbe kräftig pink einfärben (siehe Abb. 2).

3. Den Teig in die vorbereitete Form füllen und glatt streichen. Im vorgeheizten Ofen 20–25 Minuten backen, bis der Teig aufgegangen ist und auf Fingerdruck leicht nachgibt. In der Form 10 Minuten abkühlen lassen, dann auf ein Kuchengitter stürzen und vollständig auskühlen lassen. Den Ofen ausschalten.

4. Den ausgekühlten Kuchen auf ein Brett legen und 30 Minuten ins Gefrierfach stellen.

5. Aus dem gekühlten Kuchen mit einer Herz-Ausstechform (4 cm Ø) 12 Herzen ausstechen (siehe Abb. 5). Die Herzen nochmals 30 Minuten ins Gefrierfach stellen. Inzwischen den Backofen auf 180 °C vorheizen. 12 Papierbackförmchen in die Vertiefungen eines Muffinbackblechs setzen.

6. Für den Schokoladenteig alle Zutaten in einer großen Schüssel mit einem elektrischen Handrührgerät 1–2 Minuten cremig rühren.

FORTSETZUNG

2

5

7

8

CUPCAKES MIT HERZEN FORTSETZUNG

7. In jedes Papierbackförmchen einen Löffel Schokoladenteig geben. Ein gekühltes Herz mit der Spitze nach unten hineinsetzen (siehe Abb. 7).

8. Den restlichen Schokoladenteig in einen großen Einweg-Spritzbeutel mit großer Lochtülle füllen und so in die Förmchen spritzen, dass die Herzen verdeckt sind. Mit einem Palettenmesser vorsichtig glätten (siehe Abb. 8).

9. Im vorgeheizten Ofen 20 Minuten backen, bis der Teig aufgegangen ist und auf Fingerdruck leicht nachgibt. Auf einem Kuchengitter vollständig auskühlen lassen.

10. Die Buttercreme mit einem Palettenmesser auf den Oberflächen der Cupcakes verstreichen und mit den Zuckerherzen bestreuen.

Tipp

Damit man die Herzen beim Aufschneiden auch erkennt, auf der Unterseite der Förmchen einen Strich anzeichnen und die Herzen in dieser Richtung hineinsetzen. Beim Aufschneiden ebenfalls die Richtung des Strichs einhalten.

Kinderparty-Kuchen

Dieser witzige Kuchen ist die Sensation auf jedem Kinderfest – und die erwachsenen Gäste werden sich fragen, wie Sie den wohl gezaubert haben …

Ergibt 10–12 Stücke >> **Vorbereitung:** 75 Minuten plus Abkühl- & Kühlzeit >> **Backzeit:** 70–80 Minuten

450 g weiche Butter, plus etwas mehr zum Einfetten

450 g feiner Zucker

8 Eier (Größe L), verquirlt

565 g Mehl

1 Tütchen Backpulver

4 EL Milch

Füllung & Dekoration

525 g Buttercreme (siehe Seite 8)

280 g kleine Süßigkeiten, z. B. Gummibärchen, bunte Schokolinsen und Fruchtgummis

2 EL bunte Zuckerstreusel

Außerdem

2 runde ofenfeste Glasformen (2 l Inhalt)

1. Den Backofen auf 160 °C vorheizen. 2 ofenfeste runde Glasformen (2 l Inhalt) sorgfältig einfetten.

2. Butter und Zucker in einer großen Schüssel mit einem elektrischen Handrührgerät cremig rühren. Die verquirlten Eier nach und nach unterrühren, dann Mehl und Backpulver auf den Teig sieben und zusammen mit der Milch unterheben.

3. Den Teig zu gleichen Teilen in die beiden vorbereiteten Glasformen geben und in die Mitte eine Vertiefung drücken (siehe Abb. 3). Im vorgeheizten Backofen 50 Minuten backen, dann die Glasformen locker mit Alufolie abdecken und weitere 20–30 Minuten backen, bis der Teig auf Fingerdruck leicht nachgibt. 10 Minuten in den Glasformen abkühlen lassen, dann auf Kuchengitter stürzen und vollständig auskühlen lassen. Dann in Alufolie wickeln und 4–5 Stunden oder über Nacht in den Kühlschrank stellen.

4. Die Oberflächen beider Kuchen mit einem Brotmesser gerade abschneiden. Die Kuchen aushöhlen, dabei einen 4 cm breiten Rand stehen lassen (siehe Abb. 4). Ein Brett mit Backpapier bedecken und einen Kuchen mit der Höhlung nach oben daraufsetzen.

5. Den Teigrand mit etwas Buttercreme bestreichen, dann die Süßigkeiten und die Hälfte der Zuckerstreusel in die Höhlung geben und etwas aufhäufen (siehe Abb. 5). Den zweiten Kuchen kopfüber daraufsetzen, sodass eine Kugel entsteht, und vorsichtig andrücken.

6. Mit einem Palettenmesser eine dünne Schicht Buttercreme auf der Oberfläche verteilen, um lose Krümel zu binden. 1 Stunde in den Kühlschrank stellen. Dann dick mit der restlichen Buttercreme bestreichen und mit den restlichen Zuckerstreuseln dekorieren.

3

4

5

Tipp

Wenn Sie möchten, können Sie die Buttercreme mit etwas Lebensmittelfarbe rosa oder gelb einfärben.

GEBURTSTAGS-ÜBERRASCHUNG

Der Cupcake im Maxiformat mit der Füllung aus bunten Süßigkeiten ist eine schöne Überraschung zum Geburtstag.

Ergibt 12 Stücke >> ***Vorbereitung:*** 70 Minuten plus Abkühl- & Kühlzeit >> ***Backzeit:*** 60–90 Minuten

40 g Kakaopulver

5 EL kochendes Wasser

350 g weiche Butter, plus etwas mehr zum Einfetten

350 g heller Muskovado-Zucker

6 Eier (Größe L), verquirlt

350 g Mehl, plus etwas mehr zum Bestäuben

3½ TL Backpulver

Füllung & Dekoration

525 g Schokoladen-Buttercreme (siehe Seite 8)

Puderzucker, zum Bestreuen

400 g hellblauer Rollfondant

400 g kleine Süßigkeiten, z. B. Gummibärchen und bunte Schokolinsen

Außerdem

1 Maxi-Cupcake-Silikonbackform (zweiteilig)

1 großer Spritzbeutel mit mittlerer Sterntülle

1. Den Backofen auf 160 °C vorheizen. Unter- und Oberteil der Silikonbackform sorgfältig einfetten und mit Mehl ausstäuben. Beide Formteile auf ein Backblech setzen. Kakaopulver und Wasser in einer kleinen Schüssel glatt rühren und beiseitestellen.

2. Butter und Zucker in einer Schüssel cremig rühren. Die verquirlten Eier nach und nach einrühren. Falls die Mischung gerinnen sollte, 1 Esslöffel Mehl einarbeiten. Den angerührten Kakao untermischen, dann restliches Mehl und Backpulver darübersieben und mit einem Esslöffel unterheben. Den Teig in die vorbereiteten Formen füllen und in der Mitte etwas eindrücken.

3. Im vorgeheizten Ofen backen – das Oberteil 60–75 Minuten und das Unterteil 80–90 Minuten oder bis an einem in der Mitte eingestochenen Stäbchen keine Teigspuren haften bleiben. 10 Minuten in den Formen abkühlen lassen, dann auf ein Kuchengitter stürzen und vollständig auskühlen lassen.

4. Die kalten Kuchen einzeln in Alufolie wickeln und 30 Minuten ins Gefrierfach legen, bis sie sehr fest sind.

5. Die Kuchen aus dem Gefrierfach nehmen und auswickeln. Die Oberflächen mit einem Brotmesser gerade abschneiden. Dann das Unterteil ca. 10 cm breit und 6 cm tief aushöhlen (siehe Abb. 5). Die Kuchenreste anderweitig verwenden oder für eine spätere Verwendung einfrieren.

FORTSETZUNG

5

6

8

9

GEBURTSTAGS-ÜBERRASCHUNG FORTSETZUNG

6. Das Unterteil kopfüber auf ein Brett setzen und ringsherum dünn mit Schoko-Buttercreme bestreichen. Etwas Puderzucker auf die Arbeitsfläche streuen und den Rollfondant zu einem Kreis mit 28 cm Durchmesser ausrollen. Vorsichtig auf das Kuchen-Unterteil legen und mit den Fingern glätten (siehe Abb. 6).

7. Den Kuchen vorsichtig anheben und mit der Höhlung nach oben auf ein Brett oder eine Tortenplatte setzen. Die Fondantdecke so abschneiden, dass ein 1 cm breiter Rand stehen bleibt. Diesen über den Rand des Kuchens nach innen falten.

8. Die Höhlung mit den Süßigkeiten füllen, aber einige zum Verzieren aufbewahren. Den Rand des Kuchens mit Buttercreme bestreichen (siehe Abb. 8) und vorsichtig das Oberteil aufsetzen.

9. Die restliche Buttercreme in einen großen Spritzbeutel mit mittlerer Sterntülle füllen und dicht an dicht Rosetten als Haube aufspritzen (siehe Abb. 9). Mit den restlichen Süßigkeiten dekorieren.

Tipp

Wenn Sie mit dem Spritzbeutel nicht so geübt sind, können Sie die Creme auch mit einem Palettenmesser verteilen und dann mit Süßigkeiten oder Zuckerstreuseln dekorieren.

EISWAFFEL-CUPCAKES

Unter der Cremehaube auf den Eiswaffeln verbirgt sich ein luftiger Teig, der an heißen Sommertagen nicht so schnell schmilzt wie ein Eis.

Ergibt 12 Stücke >> ***Vorbereitung:*** 25 Minuten plus Abkühlzeit >> ***Backzeit:*** 20–25 Minuten

- 12 Eiswaffeln mit flachem Boden
- 150 g weiche Butter
- 150 g feiner Zucker
- 3 Eier, verquirlt
- 150 g Mehl
- 1½ TL Backpulver
- 2 EL bunte Zuckerstreusel
- 5 Tropfen Vanillearoma
- 1 EL Milch

Zum Dekorieren

- 525 g Buttercreme (siehe Seite 8)
- 12 Stücke Borkenschokolade

Außerdem

- 1 Muffinbackblech mit 12 Vertiefungen
- 1 großer Einweg-Spritzbeutel
- 1 großer Spritzbeutel mit großer Sterntülle

1. Den Backofen auf 180 °C vorheizen. Die Eiswaffeln in die Vertiefungen des Muffinbackblechs stellen (siehe Abb. 1).

2. Butter und Zucker in einer Schüssel cremig rühren. Die verquirlten Eier nach und nach unterrühren. Falls die Mischung gerinnen sollte, 1 Esslöffel Mehl einarbeiten. Restliches Mehl und Backpulver darübersieben und mit einem Esslöffel unterheben. 1½ Esslöffel Zuckerstreusel zum Dekorieren beiseitestellen. Die restlichen Zuckerstreusel mit Vanillearoma und Milch in den Teig rühren.

3. Den Teig in einen großen Einweg-Spritzbeutel füllen und die Spitze abschneiden. Die Eiswaffeln zu zwei Dritteln mit dem Teig füllen (siehe Abb. 3).

4. Im vorgeheizten Ofen 20–25 Minuten backen, bis der Teig aufgegangen und goldbraun ist und auf Fingerdruck leicht nachgibt. In der Form 10 Minuten abkühlen lassen, dann auf ein Kuchengitter setzen und vollständig auskühlen lassen.

5. Die Buttercreme in einen großen Spritzbeutel mit großer Sterntülle füllen und auf jeden Cupcake eine Rosette spritzen (siehe Abb. 5). Mit den beiseitegestellten Zuckerstreuseln bestreuen. Jeden Cupcake mit einem Stück Borkenschokolade garnieren.

Tipp

Die Cupcakes an dem Tag servieren, an dem sie gebacken werden – sonst werden die Eiswaffeln weich.

1

3

5

This edition published by Parragon Books Ltd

LOVE FOOD is an imprint of Parragon Books Ltd

Parragon Books Ltd
Chartist House
15–17 Trim Street
Bath BA1 1HA, UK
www.parragon.com

Koordination: Annabel King
Layout: Karli Skelton
Rezepte und Fachberatung: Angela Drake
Fotografien: Clive Streeter

Realisation der deutschen Ausgabe:
trans texas publishing service GmbH, Köln
Übersetzung: Wiebke Krabbe, Damlos
Lektorat: Sebnem Yavuz, Erpel

ISBN 978-1-4723-6089-2

Printed in China

Hinweis
Sind Zutaten in Löffeln angegeben, ist immer ein gestrichener Löffel gemeint: Ein Teelöffel entspricht 5 ml, ein Esslöffel 15 ml. Sofern nicht anders angegeben, wird Vollmilch (3,5 % Fett) verwendet. Eier und einzelne Gemüsestücke sind von mittlerer Größe. Pfeffer wird grundsätzlich frisch gemahlen verwendet. Garnierungen, Dekorationen und Serviervorschläge sind optional und nicht unbedingt in der Zutatenliste oder Anleitung angegeben. Die angegebenen Zeiten in jedem Rezept sind grobe Richtlinien, die je nach Kochtechnik und Garzeit differieren können. Optionale Zutaten, Variationen oder Serviervorschläge sind nicht bei den Zeitangaben berücksichtigt.